Poetas a la intemperie I

Antología
Poetas a la intemperie I

Primera edición, 2019

POETAS A LA INTEMPERIE I

Diseño de portada: «El baile contigo», Digital, Patricia Uresti, 2019

Composición: Jorge Rojas

Todos los derechos reservados

© 2019, Alicia Perea, Bruno Rosales, Christian González, Fernando Mendoza, Ivan Zayas, Manuel Sauceverde, Lucía Pereyra, Olivia Guarneros, Rebeca Martínez, Rodrigo Ordoñez, Valentina Sánchez, Yonnier Torres
© 2019, Patricia Uresti
© Christian Thalmann, por la tipografía Cormorant Garamond, Cormorant Infant y Cormorant SC

D.R. © 2019, Grupo Editorial Lectio S.A.S. de C.V.
Narbona 6, 09890, Ciudad de México

ISBN: 978-607-98087-8-5

Comentarios y sugerencias: contacto@lectio.com.mx
www.lectio.com.mx

Se prohíbe la reproducción total o parcial de esta obra —incluido el diseño tipográfico y de portada—, sea cual fuere el medio, electrónico o mecánico, sin el consentimiento por escrito del editor.

Hecho en México • *Made in Mexico*

Prólogo

Saber que los de hoy escriben es el primer paso para saber que la poesía no ha muerto, ni se ha quedado dormida como piensan muchos. Los de hoy escriben, tratando de encontrar una nueva forma de usar sus ideas en las metáforas, en el sonido de las palabras que les cubren la piel.

Para esta antología no importaron las distancias, las edades, ni los temas. Quienes escribieron aquí nos permitieron ver con sus ojos el mundo que conocen, se abrieron el pecho y nos dejaron ver. Escribir poesía probablemente sea la forma mas sincera de estar con uno mismo. La poesía no miente, la poesía es un cristal por el que se ve lo que tenemos dentro.

Lo que une a los poetas de esta antología es su lengua, su hispanidad, su expresión de lo cotidiano. Que no importe de lo que hablen, vaya, lo extraordinario de la palabra escrita radica en que no posee límites. Se escribe sobre amor, odio, dolencia, alegría, sexo, adicciones, guerras, violencia, feminicidios, esperanza, política, asecho. Contemplar, crear, ese es el trabajo que realiza el poeta, no dejar las palabras al viento, no dejarlas en los cuadernos, servilletas u hojas sueltas. Trasformar todo eso en un libro.

Antonio Tabucchi escribió: «Debe usted aprender a escribir, porque, de otro modo, si escribe con las razones del corazón, va usted a tropezarse con grades complicaciones». Pero la poesía no es periodismo, ésta nos permite ser del barco y ser del mar, navegar en nuestras aguas hasta el último centímetro y permitir que el agua nos asfixie.

Los versos que crean los poetas tienen las palabras medidas o fluidas, libres hasta donde la palabra las lea. Los limites de los puntos no frenan, constantemente las hacen avanzar hacia donde requieren que el lector las imagine. Cada ser humano ha tenido experiencias diversas, la mirada a nuestra cultura, compartida en un libro, permite que otros imaginen con nosotros, que sientan con nosotros. Eso hace esta generación, escribe, y se reúnen estos doce autores. Desde Guarneros hasta Zayas cada uno nos presenta una historia. El lenguaje se renueva constantemente, es evolutivo con su época, su estética en la poesía también se presenta de formas diversas, cada una al estilo de quien la crea. Poetas a la intemperie, viendo todo, rozando con su carne el aire, a la espera, dejando su palabra para alguien.

Laura Araceli Becerra Ledesma

Variaciones

Olivia Guarneros
México

Omnipresente

Será la química,
las circunstancias
o deseos.
Pero tu aroma me persigue a todos lados,
pervive en mis cabellos,
en mis ojos,
en mi boca
en la nuca.
Satura mis poros
y transpira en mis espacios.
Me inunda junto con tus palabras,
en las que nado gozosa
por su triste ternura,
y su esperanza fallida.
Espero encontrarte en las calles,
coincidir en los lugares comunes
sorprender tu sonrisa sarcástica
y la timidez en tus ojos.
Me pienso entretenida en tu boca,
dulce,

jugosa,
carnuda.
Quisiera morderla despacito,
como a frambuesa madura.
con tus manos de enredadera,
en mi cintura juguetona,
despertando nuestro tiempo impostergable.
Sí, ya lo sé,
dirás que es mucho, pero qué le va a hacer uno,
si te toco en mis versos cotidianos
y te escribo en mis días de ti, ausentes.

Confesión

Escribo te amo
como la última confesión
de un condenado a muerte.

Lo anoto en las libretas de los estudiantes,
en las paredes de los baños,
en las capas desgajadas de aquel árbol
que atraviesa su sombra
a tu paso diario.

Lo dejo en pequeñas notas decoradas
en las servilletas del café,
donde bebes en sorbos pequeñitos
dos tazas todas las mañanas.

Lo garabateo en los boletos del cine
que ocupas cada martes
para ver la película de estreno.

Lo imprimo en cada ticket del supermercado
donde por las noches
empujas algún carrito rechinante,
maullante como gato.

Confieso que te amo
en los saludos matutinos
de la estación de radio,
en el credo dominical de las iglesias,
con la natural desaprobación de los mojigatos,
en las fuentes a mi paso
para que aprenda de memoria mi credo
y lo repita en mi ausencia.

Lo escribo.
Revelo.
Exclamo.
Clamo.
Sin que oírlo quieras.
Aunque odies mirarlo.
Escribo te amo.

Remanso

Tengo un lugar
en el mar insondable de tus ojos.
Me sumerjo en ellos
y nado de muertito
cuando el dolor de la vida me abrasa las entrañas.
Si el clima es cálido
buceo como una rana,
sintiendo los rayos tibios del sol
colándose a través de la superficie acuática.
Hay veces que tus ojos llueven,
y uso el impermeable rojo
para no mojarme
esperando a que la tormenta cese.
Hay otras
en que la superficie
es pulimentada como espejo.
Mi reflejo busco
y me encuentro
Más valiente,
Luminosa,

nítida...
Pero también
oscura,
silenciosa o
lúgubre...
Tengo un lugar
en el mar insondable de tu ojos.
Remanso.
Querencia.
Consuelo.

Esperanza

Te espero
como todos los viernes por la tarde
desde que apareciste.
No buscaba sorpresa alguna.
Todo estaba dado...
Emergiste de la nada
con la prisa de una sombra furtiva
desplegando tu magia como un halo.
Adiviné en la cadencia de tu andar
un ritmo hipnótico, místico acaso.
Tus dedos prolongaban con su tintineo
el artilugio de tus trazos.
El aire, vehículo de tu voz,
incoloro
se humedecía con su etéreo paso.
Me entretuve en las ondas de tu pelo
imaginando el oleaje de tus sueños,
y al navío vacilante
que podría vivir en ellos.
Al encontrarse tus ojos con los míos

olvidé todo aquello
que predicara el absoluto.
Así empezó todo,
con una mirada,
una caricia,
un beso...
Hoy,
te espero
todos los viernes
desde que apareciste.
Como grata sorpresa que rompió
Todos
los
equilibrios
posibles

Lluvia

Cae la lluvia intermitente.
Comenzó como un chipi chipi rítmico y regular
mojando apenas a los transeúntes.
El hombre en la parada del autobús abre su paraguas,
intuye que se volverá tormenta,
consulta su reloj,
arrugando el entrecejo
y deja pasar una a una las rutas que se acercan.
Me recuerda a ti mi boca albaricoque,
afuera de la oficina a pesar de la lluvia.
Abrías el paraguas azul marino
y el pequeño cielo encapotado
del aguacero nos guardaba.
Tomabas mi mano
para recorrer la ciudad furtiva en el ocaso.
La lluvia arreciaba como ahora,
nos deteníamos sin sobresalto en los umbrales
y al probar tus labios mojados,
tu gusto albaricoque empapaba mi boca.
El hombre del paraguas se muestra impaciente.

Se arrima a una cornisa buscando amparo.
El agua enfurecida se estrella contra la sombrilla.
Como ahora,
en la tormenta
Corríamos entre los charcos
y el estruendo del agua
ahogaba nuestras risas dislocadas.
Te atabas a mi cintura
para recorrer los senderos circundantes,
cómplices y empapados.
El hombre del paraguas se mira resignado.
El aguacero intermitente no amaina ni aumenta.
Parece un motor continuo, unísono.
Mira con esperanza el autobús que se acerca.
Una mujer pequeña baja en la parada,
corre con el bolso sobre la cabeza,
Se abraza a su cuerpo y de puntitas
busca su boca albaricoque.
Como yo, hace tanto...
De eso a la fecha han pasado
tantos chipi chipi, lloviznas, aguaceros, tormentas.
Como la de ahora
que sobre la ciudad
cae intermitente.

Chicharras

Escucho el arrullo de la noche
en voz de las chicharras.
El tintineo ensordecedor
grita tu nombre, desesperado.
Me enredo en las cobijas
Tapándome la cara con la almohada
esperando a que la noche pase
sin querer nombrarte.
El tic tac del reloj se une a su clamor chirriante.
La carrera del segundero desgaja
una a una
las letras paralelas que te conforman.
Trato de ignorar sus caminar
contando borregos de terciopelo
para pescar el sueño.
Cuando creo que lo he logrado
sus nimios balidos
repiten tu nombre acompasado.
Abrazo mi cuerpo en busca de paciencia
tratando de olvidarlo

y encuentro en mi clavícula
las consonantes y las vocales,
tatuadas
con su dolor aciago.
Recorro con mis dedos
sus trastocadas formas
y apareces tú.
Inconfundible.
Tus dedos de penumbra.
Tus ojos de cadalso.
Tu tormentosa boca...
Escucho el arrullo de la noche
en voz de las chicharras.
El tintineo que ensordece
desesperado
grita tu nombre.
Comienza la cuenta regresiva
tratando de olvidarte.

Vigilia

Me despierto a las dos de la mañana.
Eso creo
la realidad es otra.
Mi cuerpo intenta moverse
pero estoy atada a la cama
en la tierra movediza de mis sábanas.
Te miro a mi lado sin poder hablarte.
Sin mácula.
Aletargado.
Sumido en el espacio onírico del tiempo.
Navego en tu sueño insondable
en busca del espacio que me pertenece
las caminatas a media tarde,
el cielo raso de la noche
sonriéndonos a media luz
los charcos inundando nuestras ganas
los perros ladrando a las caricias
en el juego del amor.
Estiro mi mano para tocarte.
Eso intento.

Distante y lejano
dormido
haciendo caso omiso
desapareces.
Sin escuchar mi lamento
mis palabras ignorando
haciendo a mi querencia oídos sordos...
Son las dos y cinco,
dos y diez
dos y cuarto.
Me llamo desde tu nombre,
me busco desde tu cuerpo,
me anhelo desde tu espacio.
Abro los ojos.
Despierto.
¿Es el sueño o la vigilia?
No te encuentro, pero te busco...
hace noches que no estás más.

Apenas regrese la cordura

Fernando Mendoza
México

Insomnio

La música está sonando alta,
y en mi cabeza solamente suena tu nombre.
Retumba y rompe los cristales de mis ojos,
los inundas.
No eres tú,
tú ya no importas,
es el recuerdo que tengo de ti.
Duermes
y te besan las mejillas,
finges saberte amada,
caes en la trampa de la compañía,
de la calidez desnuda,
de los ronquidos que se meten por tu piel en la
madrugada.

Yo estoy escuchando esta música de mierda que me
taladra.
Debería salir a bailar,
desanudar mi esqueleto,
reacomodar las nalgas en esta silla

donde me he quedado pensando en ti
hasta que te dé la gana desaparecerte...
caliento el café,
o la sopa,
y me vuelvo una persona.
Luego retorno al letargo,
al eterno castigo de decir tu nombre,
sólo en el pensamiento.
No dejaré que te vayas,
te castigaré con eso,
vivirás en mi cabeza
y no morirás hasta que me muera.
Entonces tal vez sí te ocuparás de pensar en mí.

¿A quién engaño?
Duerme plácidamente
hasta mañana,
hasta la siguiente vida
donde quizá, entonces,
todo será como me dé la gana.

Canibalismo

Tienes la boca llena y yo limpio la comisura de tus labios.
Mientras comes,
acaricio tu cabello,
deletreo tus pecados,
y contemplo tus manos
que están en reposo sobre tus rodillas apenas maltratadas.
Masticas pausadamente,
acompasada.
Tienes las piernas cruzadas
y cada tres suspiros cambias de postura
con aire indiferente y callada.
Doy vueltas en la cocina,
trepo al refrigerador
y salto hasta el microondas,
abro la puertecita
y me pongo un minuto de cocimiento.
Estoy tibio,
duro y desabrido.

Tomas un cuchillo,
colocas una servilleta,
cortas mi aliento en rebanaditas uniformes
y las pinchas con el tenedor.

Ahora estoy debajo de la mesa.
Me gustan los pliegues de tu panza.
Abres las piernas
y te veo desde la indecencia en tono magenta
y con salpicaduras de tus ganas.
Me dices –ya terminé-
Me limpio el rostro,
me abrazo a tu cuerpo,
me meto por los poros de tu piel
y sueltas un -te quiero-
sin esperar nada a cambio.

Tienes manchas rojas alrededor de la boca,
hay un hueco en mi caja torácica,
y mi corazón es blando, lo sé,
porque cuando volteas, ya no tienes un sólo bocado.

Futuro

Cuando sea mayor quiero ser un gato,
ronronear sobre tu panza,
comer de a poco y dormir sin tregua,
hasta que me dé la gana.
Olfatear las hierbas húmedas que crecen en tu jardín.
Rodear tus pies con mi cola peluchona
y tus pantorrillas desnudas.
Me iré por los tejados,
maullando a la luz de la luna,
quien es la novia de todos los gatos.
Caminaré sin prisa,
y te contemplaré desde la ventana
mientras tú piensas humanamente en el mañana.
Cuando sea mayor,
y ya no tenga nada qué perder,
seré un gato aterciopelado que muerda tu corazón de trapo,
loco de orejas y cola,
con los bigotes sucios, largos.
Seré un custodio de tus tristezas,

imperfecto aprendiz de sabio.
Nocturno atropellado.
Sí, seré un gato lisonjero y ruin,
medio muerto,
sobre tus piernas,
desahuciado.
Seré un maldito gato de ojos aceitunados,
brujo de hocico,
maullidos arcanos...
pero creo que siempre tendré un estúpido corazón
humano.

Resignación

Te quiero en tiempo subjuntivo
de forma circular,
en modo deprimido,
en pronóstico torrencial.
Te quiero como nunca te he querido,
de la manera más atenta
de un no sé por qué lo digo,
de modo trágico, irredento, sepulcral.
Te quiero hasta la coronilla,
con los huesos, con las ingles,
con las canas que me nimban,
con las manos indecisas,
con arrugas escondidas
Te quiero sin saberlo,
sin razón de peso
sin permiso
sin mañana
sin sentido...
Te quiero
aunque no me creas,

aunque me des la vuelta,
aunque después de todo
sea yo quien te quiera.

Poderes

Soy raro,
amorfo,
y ando con el corazón abierto como flor en primavera.
Si pudiera tener un poder,
quisiera ser invisible,
poder mirarte todas las horas justo detrás del árbol
donde te gusta sentarte a leer.
Ir detrás de ti cuando paseas en bicicleta
con ese horrible casco colorido
y las gafas gigantes que ocultan tu mirada,
que tanto he degustado porque es tierna.
Nunca has volteado a mirarme,
lo sé,
pero yo he atrapado tus ojos varias veces.
Quiero ser invisible y mirarte en la cafetería,
cuando escribes en tu diario
o te quedas dormida en el autobús.
El tiempo pasa como ráfaga de fuego por mis pupilas
apagadas,
lo único que me consuela

es la idea de que soy un fantasma.
He llegado a esa conclusión osada.
Pues cada vez que intento hablarte
es como si fingieras que no existo.
O quizá tú sí sabes de mi poder,
me haces creerlo,
sigues mi estúpido juego.
En tu mente tengo el mote del ser *invisible*,
pero ya ves,
no lo soy.
Y aunque a veces te mire y te mire,
sé que nunca voltearás a mirarme,
ni por un instante,
pues me has hecho invisible para ti,
desde el día que no debí enamorarme.

Manecillas

Viene el tren de las tres de la mañana.
Estoy sentado en el sofá,
así, sin hacer nada,
mirando una mancha sobre la ventana.
Me dejo caer al vértigo del tiempo,
luego vomito sombras.
Un duende me acecha,
es blanco y rugoso,
se cuela por el mosquitero.
Tengo abierta la boca,
no por asombro,
es por jugar con el cerebro.
Cierro los ojos,
el enano blanco me come los párpados,
se acerca a la comisura de mis labios,
liba,
maldice,
me rasca la cabeza...
¡duende de mierda!
Se resbala en seguida por mi cabellera,

estira mis nervios,
me susurra algo apenas perceptible
y huye por el intersticio de la cremallera de mi alma.
Miro el reloj de pulsera,
son las tres,
no cambia.
El tren se arrastra,
los rieles fríos se acicalan,
el duende ríe,
me guiñe un ojo,
él único que tiene, y canta.
Son las tres con uno.
El gallo afina,
el duende clama,
veo debajo de la cama,
y todavía estás acostada.

Nostalgia

Te quiero desde aquí dentro,
muy adentro.
En la hora del desayuno por ejemplo,
cuando garabateo tu nombre
con los restos del pan tostado,
o en los rastros de polvo que hay
en toda mi casa desde que no estás.
Tu nombre en la alacena,
la ventana,
el espejo,
la cómoda inservible.
Pongo esa canción que sólo tú sabes
y lloro en silencio,
a veces en seco
porque el llanto se me ha vaciado
apenas me despedí de ti.
No alcanzó ni para que el camino fuera más liviano.
Me dueles muy en el fondo,
en la comida,
en los codos

que se entierran en la mesa
y en estas manos que sacuden mi cabeza,
diciendo,
idiota
idiota
idiota.
Luego bebo agua de cítricos
para recordar tus labios.
Dejo la luz de mi recámara encendida,
y no duermo ahí porque imagino que estás,
y si la apago,
sé que los demonios de tu recuerdo
van a salir y me comerán las entrañas,
como sucede todos los días,
las mañanas,
los meses,
la muerte,
que es no saberte más.

Provocación

Me provocas.
Hace varias horas,
quizás miles,
que los demonios del tiempo no me dejan en paz,
sugieren que te coma,
que te desnude
y te arañe el corazón.
Me canso de esta telaraña de vivir,
del deseo irrefrenable de la muerte,
pero me revienta la cabeza cuando encuentro
que me lees,
me sigues
y me hueles aún.
Me sugiero encontrarte más despacio,
me receto días de abstinencia mientras no te vea,
me digo y me repito que no puedes quedarte,
Pero...
es inevitable,
habitas en mí,
en cada una de mis respiraciones aburridas,

en mi memoria distorsionada,
en mi corazón de gato sucio,
en mi lengua de lagarto adormecido,
en mi esperma que se vierte a la luz de tu recuerdo.
Me convenzo de tomarte,
de conquistarte,
de atraparte,
de no dejarte ir,
de envenenarte,
de tomarte por sorpresa,
de cerrarte los ojos,
de morirme,
de penetrarte,
de fundirnos en uno solo.
Disfrutar de nuestros monstruos...
esos,
que se escapan cuando hablamos de nosotros.

Desencuentro

Quiero decirte que mientras escribo estas líneas,
el pájaro errante del deseo viene
y se acurruca debajo de la mesa.
Mueve las falanges de mi mano derecha
cuando hablo contigo,
me pellizca en la entrepierna.
Una multitud indiferente camina entre los pasillos
asfaltados.
Sonrisas,
muecas,
voces,
quejidos apolillados se mueven de aquí para allá,
a cualquier lado.
Fisonomías simplonas,
distorsionadas,
irrumpen en mi estado aletargado...
me despierto
y veo la luz amarillenta
que entra por las ventanas de mi rostro incógnito,
reservado.

Veo tus pies en la aglomeración ramplona,
tu esbelta figura de estéticos pliegues
va danzante por encima de la nada
que hay en las cabezas circundantes,
estás descalza
y tus piernas brillan.
Volteas y puedo ver tus ojos desde lejos,
esos hermosos piélagos impolutos
donde anoche me vi ahogado
en la luz mortecina de tu cuarto.
Quiero tu quietud,
tus manos,
tu cuerpo desnudo cabalgando,
te quiero a ti deambulando por las sábanas de la cama,
te quiero en posición de no me importa nada,
de lujuria,
de tómame antes de que me vaya.
Hoy te quiero con ese dulce sabor del atardecer nublado,
con ese quédate,
con ese por qué no te conocí antes.
Vienes a mi encuentro,
despierto,
vuelvo a soñar,
es de día...
¿dónde estás?

Esperanza

Cuando no te sé,
soy como un monstruo atropellado,
sin flores,
sin sol,
sin luna,
sin costado.
Cuando no estás,
me pierdo en naturaleza muerta.
Mis ojos se ponen exagerados,
me vuelvo iracundo de las manos,
loco de los cabellos,
sensible de corazón
y hasta a veces inhumano.
Mientras no te veo,
soy un muñeco de trapo colgado de la ventana,
soy un mal cuarto de hora,
soy un ente que trata de perseguirte,
olerte,
saberte,
y me pongo el traje de los sentidos alterados.

Por eso, cuando te vea,
me embriagaré contigo
tomando vino tinto del centro de tu ombligo,
bajaré aturdido por la escalera de tu espalda,
y me quedaré en el sótano húmedo
que hay en medio de tus piernas cuando abras.

Ausencia

Los días se suceden de forma aburrida
y descompuesta.
Las noches se transforman en lechuzas lascivas
que apuestan su corazón al desvelo
y me llevan contigo hasta tu lecho.
Los recuerdos flamantes de tu piel
viven en mí como un manantial
que fluye descaradamente.
Todos los días apareces y desapareces,
me entumeces,
me brincas en la espalda
y muerdes mi corazón con la esperanza,
me seduces con la duda
y perviertes mi paciencia.
Me voy y me vengo pensando en ti.
Me vierto en el vaivén de tu existencia desarticulada.
Mis manos son tus manos,
mi deseo tu angustia sofocada,
mi miedo tus ganas,
mis ganas tu locura noctámbula.

Te quiero aquí,
entre mis brazos,
entre mis piernas,
entre mi tiempo y mi espacio.

Salón de espejos

Yonnier Torres
Cuba

Salón de espejos

Mis amigas no saben qué hacer
a dónde huir,
solo poseen la certeza de la fuga.
Una cesta de mimbre donde guardan los recuerdos de las
noches diluidas entre rezos,
lamentos,
estrategias para ahuyentar al fracaso.
Mis amigas sonríen,
tras sus dientes perfectamente blancos puedo ver los
vestigios de la tristeza
como manchas luminosas en la noche
o dibujos de la luna en el asfalto.
Mis amigas hacen café en la madrugada,
vierten azúcar,
miel,
anís y canela,
trozos de chocolate.
Con el último sorbo me convierto en lago,
ellas se desnudan antes de entrar
y el agua está demasiado fría

la noche demasiado oscura
y las sombras
lentas,
pesadas
se desplazan con parsimonia.
Mis amigas tienen ganas de morirse
cual si fueran elefantes,
peces,
pájaros,
dragones de fuego.
Poseen siete vidas
y han muerto cinco.
Confían en que la sexta será la definitiva.
Construyen una lista de deseos:
lanzarse desde un puente con los pies atados
hartarse de alcohol
dormir bajo un bosque de secuoyas
rodar sobre una planicie inmensa
masturbarse con un vibrador plateado de talla media
y baterías recargables
atravesar la frontera sin coyote
sin miedo.
Mis amigas han sido pájaros,
peces,
dragones de fuego.
Aun así no logran escapar de esta Isla,
solo les queda ser elefantes
recorrer la sabana
esperar a la muerte y su santa clemencia.

Este es un buen año para los cuervos

I

La caravana se desplaza en silencio,
abandona la ciudad.
Detrás quedan el miedo,
la impotencia.
Empuño el arma
pienso en ti
en la riesgosa manía de recolectar descuidos
acumular agravios
cual pájaro que construye su fortaleza de plata
con las medallas que olvidan los héroes en el camino.
La Tierra Santa es un campo yerto
los pliegues de tu vestido azul
un recuerdo que se desvanece de a poco
asciende como el humo
como las almas impuras de los que yacen bajo el suelo.
En la primera fila alguien habla de Auschwitz
otro de Vietnam
Dicen ser testigos de la desolación.
A mis treinta años no he vivido lo suficiente:
no he baleado a un tipo a quema ropa.
No he cubierto mis oídos ante el estruendo de las
bombas.

No he socorrido a un soldado que pierde sus brazos,
sus piernas,
su temple.

No he cruzado el mar Egeo,
el estrecho de Gibraltar,
el estado de Arizona.
No he visitado las Islas Canarias
la Plaza del Kremlin,
la Gran Manzana.
Solo poseo el recuerdo de los pliegues en un vestido azul
la ausencia
unos ojos de cristal pulido,
unos ojos que no paran de mirarme.
Hay quien asegura estar listo para morir
confiesa que la derrota no deja de ser una opción.
Hay quien abandona la primera fila,
retrocede hacia el fondo a medida que avanza la
caravana,
se trasforma en un punto negro sobre la pulcritud del
desierto.

2

La caravana se desplaza en silencio.
Los caminantes hunden la vista en el suelo
el horizonte quema las pupilas
ensancha la angustia.
La caravana respira
es una bestia blanca de pies inmensos
y pelaje sucio.
La caravana tose,
carraspea,
se resigna.
Pienso en ti

en los dibujos que traza la muerte sobre tu piel
en tus ojos abiertos
los ojos que cierro antes de que los cuervos
vengan por los vitrales,
sus fortalezas de plata.
Los líderes anuncian la proximidad del canal
el primer descanso
el sitio donde echaremos al agua los cadáveres.
La muerte por asfixia produce manchas de luz en la
garganta.
Tu cuerpo centellea mientras caes al fondo
los brazos como cintas
los ojos cerrados
los cuervos sobrevolando el agua
atados a cada movimiento.
Junto al canal crecen las dunas
brota el maná.
Dios descuelga sus secretos
la bestia se echa al suelo
observa con detenimiento
los cuerpos que aún flotan sobre la superficie.
La muerte por hambre dibuja cicatrices en el vientre
pequeños triángulos de luz en el rostro.
Desde la transparencia tu cuerpo se diluye en el agua.
En el canal no hay peces
solo cadáveres que nacen junto al río
y navegan en silencio hacia el mar.

3

El Guía se pone de pie.
Con un gesto de mano reanuda la marcha,
su sombra es una línea recta sobre el suelo
sus dedos apuntan al sol
señalan los puntos negros que cubren el blanco desierto
juran la proximidad de la tierra fértil
prometen un futuro grávido.
Los caminantes asienten con escaza convicción
sacuden la arena del cuerpo
miran al Guía por un instante,
por un instante el Guía parece un semidiós,
luego se transforma en un prisionero más de la caravana.
La planicie le abre paso al desierto
el desierto a las dunas
las dunas a la angustia.
En la marcha algunos desfallecen
caen al suelo
se cubren de arena.
Sostengo el arma,
la aprieto contra el pecho
pienso en ti.

La muerte por deshidratación es semejante a un conjuro,
un manifiesto.
Posee claves que descifran los límites de la resistencia
que produce ronchas en la piel.
Tu cuerpo rodeado de arena se transforma en duna
eclipse
montaña cálida.

Abres los ojos en la cúspide de la cordillera.
La tenacidad de tus ojos abiertos asegura que este será
un buen año para los cuervos.
Desde las primeras líneas alguien grita su incapacidad
para seguir adelante.
Los líderes le quitan el arma
lo abandonan en un recodo del camino.
El hombre suplica
pero pierde las fuerzas,
su cuerpo comienza a cubrirse de arena
y los cuervos esperan
con impaciencia
el botín de unos ojos recién apagados.

4

El anochecer marca el comienzo del período más largo.
La luna arroja su aliento gélido sobre los cuerpos
tendidos en los sacos de dormir.
Alguien parecido al Guía me coloca en el primer turno
de guardia.
Creo oír el llanto de los coyotes
el trasegar de los cuervos
los alaridos de un moribundo.
Creo ver tu cuerpo entre las sombras.
Aprieto el fusil contra mi pecho.
Son los ruidos del desierto\ dice un tipo\ ya deberías
estar acostumbrado.
La muerte por hipotermia es semejante a una renuncia,
a un consuelo.
Tu cuerpo inerte se confunde entre el frígido paisaje.

Son los juegos de la noche\ dice un hombre\ ya deberías
estar acostumbrado.

5

La caravana se detiene junto a las olas de un mar
encabritado
comienza a caer la tarde
los líderes dan golpes con sus bastones
pero el agua no se abre en dos
las olas cubren los metros de arena
arrullan en sordina
nos lamen los pies.
La muerte por vergüenza es como el silencio
tranca la garganta
frena los impulsos.
La muerte por vergüenza es una muerte blanca.
Del otro lado no hay dunas,
desiertos o mar.
La caravana se sumerge en el agua.
Desde el fondo tu cuerpo inerte me traerá de vuelta.

El año del tigre

1

Solo William Blake conoce la piel del tigre.
Yo me quedo de este lado
Sostengo la utilidad del puente,
pliego las hojas de metal ante el paso de los barcos,
ante el desfile de la miseria.
Para ser feliz me bastan los peces
y algún que otro pájaro
que de vez en cuando
solo de vez en cuando
dibuja círculos en el cielo.

2

Solo William Blake domina los contornos de la estepa.
Yo me interno en la espesura
entre los campos de arroz
los cañaverales.
Sostengo la utilidad del monte,
trazo rutas en la enramada,
presiento la urgencia del agua
la proximidad de los perros.
Para alimentar la Historia bastan las perdices
y algún que otro ciervo
que de vez en cuando
solo de vez en cuando
me blanquea la mirada.

3

Solo William Blake le ha perdido el miedo a la sequía.
Yo permanezco de pie sobre el muro
velo la paz de los muñecos,
coloco cintas amarillas que dominen la inquietud de los transeúntes.
Sostengo la utilidad de la noche.
Para cargar el peso de la Isla me basta el sonido de las olas
y la luz del faro
que de vez en cuando
solo de vez en cuando
ilumina la ciudad

Metonimia y otros poemas

Lucía Pereyra
Argentina

El viento puede crecer

Las mujeres se organizan en círculos,
pido disculpas y me converso sobre esto
que antes no pude ver.
Como el mangle se junta y se enraiza
y se organiza
y a lo del mar que no le va
le advierte: no pasarás.
No solo eso sino que además sabe brillar
(luminiscencia, le dicen los isleños
y le cobran gran suma de dinero a los foráneos
por llevarlos a
una caminata,
a una playa
a la que pueden ir por sí mismos).
Pienso, por ejemplo, en la brujería:
palabra distorsionada en el diccionario común,
por eso lo de festejar la sospecha y la duda.
Después te das cuenta de que los mitos
los crea el mismo status quo y que por eso
tenemos que volver al aquelarre.

Ahora no hay escobas, pero hay bicis,
hay libros en PDF, hay pañuelos verdes
hay miradas cómplices: se va a caer.

Poema del desamorío (I)

Yo tuve la oscuridad en mí,
recorrí bares y esquinas pasadas
donde solíamos estar,
repetí patrones de conducta
de películas mediocres.

No me atreví a encontrar mis propias respuestas
fui
de ese modo que me dijeron que tenía que ser,
desde el día en que te conocí hasta el final.
Don't you wanna break up, don't you wanna take a home?
No camines como si nada te importara porque eso no es cierto.

Siguiendo en el intento
rompí tus cartas en los fuegos de san juan
como si eso
significará
algo

como si lo simbólico tuviese peso en este corazón tan
obstinado.
De los meses de otoño hasta el otro enero
me inventé diferentes rutinas
que pretendían, o me motivaban,
a borrarte del todo
pero no sucedía, nunca sucedía.
Tomé varios aviones,
escribí canciones,
imagine más de mil y un despedidas.

A la lluvia le pedí por favor,
una y mil veces.

Me exorcicé bailando con amigos de éxtasis
jurándome que en cada sacudida de rave
te iría poco a poco eliminando de mis párpados,
mis pesados párpados.

Doblé para un lado
doblé para el otro...
cuando me metí al queñi, cuando me metí al limay,
cuando me metí al atlántico
me dije
acá se va esta vez se va.

Me encerré en la música
y de todas las formas que creí posible
me pedí perdón.

En ocasiones lloré y me abracé
en la noche
en la parada del bondi.

Crucé ese puente una y mil veces,
mire desde arriba
a los prados de los costados
a ver si te veía, en una de esa vos me veías
y podíamos volver
todo el tiempo atrás.

Pero los unicornios no existen me dije,
sabés que no existen.
Es que no puedo,
entre los miles de intentos fallidos
rituales y cábalas
pedidos al universo
ejercicios orientales
artísticos, de todo tipo.
En fin, ansiedad
mucha ansiedad.

Afortunadamente, por madurez esencial,
siempre retomo
mis palabras de consuelo,
de aliento
de que algún día de los días
voy a volver a cruzar el puente
y no voy a pensar en tu cuadro bordo
ni en tu mirada del primer día
no
no voy a pensar en nada,
en poesía voy a pensar,
en que si me gusta como está pegando el sol
EN ESE MOMENTO
o quizás no,

quizás nunca vuelva
a cruzar ese puente,
a buscarte en las avenidas, en cada cruce, en cada barra,
en cada sombra de las vías del tren.
Tampoco
volveré a pedir perdón
porque no me va a hacer falta.
Sólo voy a estar pensando en cuanto me gusta el
atardecer
EN ESE MOMENTO

Poema en el extranjero

Todos los paisajes son del ser humano,
lo sé, soy toda arena.
Y en el verano infinito en que todo estalle,
(pero sin tu mano, porque en vos
dejé parte de lo que era, y eso
ni para bien ni para mal
es lo que fue)
aunque hoy extrañe cambiar de lugar los muebles del living
y mirar los 10° de afuera y pensar: ¿es jueves o es domingo?

Como una isla a donde
migran todos los pájaros del mundo,
como esa canción
que tararee toda la mañana,
como un día libre, en paz pero intenso y atardecido
como el gerundio:
armónico, confuso y real.
Ese es el parque donde me puedo encontrar

hoy o mañana.
Decime entonces
cómo es vivir en una isla
si todos los cuentos empiezan subestimando la soledad
pero nadie te dice que es lo más de lo más,
dice una piba.
Y esto ya se volvió:
autorreferencial.

Metonimia

Espacio sustancial interpersonal
frontera pasa casa
my heart never be,
rudeza desconecta no acerca
y Zama, qué extraña filmografía,
un lenguaje indescifrable
casi de explicación
meramente lingual,
lo que se dice
intercambio de fluidos.

Momento sueño, pausa
suena una canción
remember coudles in the kitchen yeah,
júbilo
argumentative.
Estoy en problemas otra vez,
con vos tan lindo poniendo tu cara china de sol
estoy en problemas otra vez,
y me decís que ya no te importa

y eso de repente me hiere mucho.
Momento pausa otra vez.
Pliegue centrípeto interior
duele sí, pero el mar es un sueño posible.
Y me confundo, como si esta
ya no fuera mi casa,
pero porque yo
ya no tengo casa.
And a day like today you,
me pinchaste las nubes,
pero esta bien, soy yo
la que confundió el algodón
dándole una forma
impuesta, anacrónica
una forma de amor en el cineclub,
y en realidad era todo tan Cris Morena.
Razón mata sentimiento,
sentimiento se ofende flaya cualquiera.
¿Estás humanofóbica otra vez?
Sí, porque como te dije
yo ya no tengo casa.

Poema del desamorío (II)

Tengo que dejar de escribir sobre vos.
Que un poema empiece así no está bueno
y ni siquiera estoy
—segura—
de que esto sea un poema.
Es que me recuerdo entre tu caminar pausado
y tu capacidad para nombrar las cosas,
simplemente,
de un modo tan vos
tus palabras
y esa sapiosexualidad que nos conectaba como
Nintendos.
Vos player 1 y yo player 2
MUY MULTIPLAYER COMPA NUESTRO AMOR
y lo bonito que me decías la verdad a veces:
caducado casual enigma.

Un indicativo encabeza mi poesía
y es que tengo que dejar de escribir sobre vos.
Viajo por lugares extraños repitiéndome tal indicativo.

Probé nieve de pétalo de rosa,
saqué fotos a todos los templos,
a todas las luces de Neón.
Entendí como
cada lugar tiene su tiempo,
entendí
la importancia del paisaje,
entendí
el amor, amor propio.

Crucé todos esos puentes pero seguías,
ahí seguías,
imaginándote en cada tianguis,
en cada concierto de bocinas de tantos autos
embotellados en grandes avenidas,
y en mi cabeza, nosotros dos por cruzar
como en Perón y 9 de Julio,
como quedarnos dormidos en la madrugada after
tormenta.

Soñé mucho con esos lapachos: sus flores lilas.
Y ahora las flores son naranjas,
y encima de este lado se viene el verano,
ahora es primavera.

Sí, no recuerdo como era tomarnos de las manos
pero si tengo otros flashbacks:
que bajabas corriendo tu escalera para abrirme la puerta
en otoño,
que en un recital, que a otros puede parecerles banal,
te encontré y estábamos correspondidos
con guitarras melancolyhills,
era un grandioso mundo.

Me alegro de haberme desprendido,
celebro que mi corazón sea mío
celebro los viajes los amigos el humo espeso el mar la música lo todo,
pero todas las veces que pienso en la poesía
lo sé y me lo insisto
como necesidad pragmática
como cambian las melodías después de décadas,
por urgencia y deseo.
Como el cine no es siempre el mismo,
como todo lo que hacemos
como todo lo que me queda por saber,
tengo que dejar de escribir sobre vos,
pero es como pedirle a un perro que no ladre
a ese pájaro al cual le envidia su libertad.

Escurripoetimatizado

Christian González
México

Mis palabras también viajan en colectivo

Suben presurosas y se amontonan en el fondo del asiento,
conocen su destino, pero se aferran al viaje permanente,
se miran unas a otras y ni siquiera se regalan una sonrisa,
se quieren decir tantas cosas
pero ha llegado la parada de la esquina,
algunas duermen con su pensamiento embarrado al cristal de la ventana,
otras como sabueso sacan la lengua al viento
que juguetea con sus acentos,
las hay dormidas, bien intencionadas en un sueño,
uno que otro bostezo deja escapar la ironía
que sobresaltada pide la parada,
las hay muy hermosas, tan rimantes como poesía,
juegan unas con otras y se regalan alegría,
de vez en cuando se asolean durante su viaje,
les refresca el pensamiento,
en veces se aturden y se espantan con los malos manejos,
cuando hay buena fortuna florecen antes de tiempo,
hay quienes las cuidan de no caer en un enfrenón

y hay quienes las empujan fuera del asiento;
mis palabras son traviesas,
me regalan alegría,
en veces melancolía, pero en menor tiempo,
se revuelven con el viento y cambian su asiento,
a veces me confunden
y en tristeza me hunden,
otras veces me arrebatan por completo el aliento,
hay veces en que solas se regalan,
fijan la mirada en la ilusión que es copiloto
y se enamoran del tiempo.
Mis palabras viajan sin pagar pasaje
es muy conveniente invitarlas de paseo
a donde vaya se comportan con esmero,
y al final son mi mejor compañero.

2011

Vaya forma en que se resuelve el amor

Vaya forma en que se resuelve el amor, desencuentros anticipados o encuentros tardíos, da igual, no te escapas, no puedes huir, tarde o temprano o te alcanza o te mata.

Diciembre 4, 2016

Esta tarde se me antoja para pensarte

Esta tarde se me antoja para pensarte libre de contenciones absurdas, pensarte vibrante cuando en cada instante tus besos hambrientos recorren mi voluntad incierta. Se me antoja pensarte cercana, transpirando las sonrisas que acostumbras sobre la cama, reconociendo nuestro espacio con miradas, asombradas, tiernas, transparentes y calladas. Esta tarde se me antoja pensarte eterna, fuerte, independiente, pero amada.

Febrero 12, 2017

No es el amor

La verdad es que no fracasa el amor,
fracasamos las personas que jugamos con él
las que vacilan, las que mienten, lo herimos de muerte,
amor es una palabra tan noble, se dice fácil,
no pide argumentos ni avales,
se repite y repite hasta gastarle su esencia,
tal vez si fuera una palabra más complicada tendría el efecto a la inversa,
por ejemplo, si tuviera que decir:
yo te *califrajilisticoespiralizo*
merecería más esfuerzo que robar un beso,
más esfuerzo que una ilusión fomentada,
más esfuerzo que destruir un sueño.

Diciembre 30, 2016

Discurso de un muerto

Hoy que entre frialdades habito
y respiro más que el hollín de mis huesos,
mientras oscuro es mi lecho
vislumbro la luz de mi último recuerdo.

Cuando en vida corpórea tus labios me encontraba
y humedecían la esperanza cada día
en el que pocas veces tu mirada extraviada
lograba no encontrarse con la mía.

Sigue latiendo tu aroma que no huelo,
sigue el viento refrescando tus anhelos
y aunque más yo no lo siento,
desde esto que aún me queda lo presiento.

Y es que vivo tanto no sentía
como hoy que me aborda la ironía,
hoy que pierdo poco a poco la sonrisa
añorando lo que de pronto mi cuerpo olvida.

Mas no tardo en recordar lo que eximia
tu mirada, tu voz contagiada por la mía,
tus palabras y tus actos cada día
que antes fue bañado de agonía.

Y aunque tarde parece este discurso
es su esencia contundente en mi luto,
pues como aroma de las flores funerales
en tu mente nunca el olvido es absoluto.

Despedida ausente se encontraba en nuestras vidas
y en la luz, deseo, viajen mis buenas nuevas
pues acá donde ni yo habito
he encontrado plenitud como de hito.

Porque en mi vida me quedé corto vida mía,
recomiéndote que mueras cada día,
renaciendo con nueva expectativa
hasta que llegue el último día de tu vida.

Abril 24, 2012

Esta ciudad

Esta ciudad que me inspira, que me arraiga.

Son sus muros, sus lamentos,
y sus flores van al viento
la sonora carcajada
y la fiesta en madrugada.

Recuerdos permanentes los palacios
no siempre fueron buenos
no siempre fueron malos
no nos atan porque ya los olvidamos.

Esta ciudad de grandes masas
me contagian y me invitan,
me engordan y adelgazan,
me apretujan y me exclaman.

Monumento de mármol que ya no canta
ya no juzga, no es aristocracia,
hoy me raya y me pinta
las paredes de la muchachada.

Esta ciudad no es tan lejana
ni en el tiempo ni en la plaza,
es tan tuya como el alba
te sonríe o te mata.

Son sus plazas casi hermosas,
el verde inunda tan solo una cuadra
aunque el resto por patines,
bicicletas, patinetas se reclama.

Esta ciudad que nunca calla
no me aturde solo enlama,
y se prende y se apaga
jugueteando con mi alma.

Es ayuno de paz en cada parte,
las sirenas iluminan el gran baile
y me roban la cordura
y uno que otro instante.

Esta ciudad se engulle a la hora
en que el tiempo asiente la partida,
asiente también la entrada
en la vida de la gente productora.

Es brava y dócil a quien le ama
no ha dejado de ser drama
también comedia cuando trata
pero se mantiene atenta de cuanto pasa.

Esta ciudad es mi ciudad
mi cómplice, mi escenario
por ella hoy hago el encargo,
el deber de ser un ciudadano.

                                                Noviembre 7, 2011

Angelados

Me parece que esto del amor nos ha tomado por sorpresa, nos ha asaltado la conciencia, ha sido viento sin tregua que nos despoja contenciones absurdas, nos libera. Es relojes imparables de tonadas melodiosas, es cosquilla, es miradas, es océano y también es calma.

Esto del amor es nuestro, disposiciones absolutas en un legado incipiente pero cierto, es azules y son blancos, es estrella, es mañana, es naceres, pero también es conclusiones de otros momentos.

Esto del amor es una adivinanza, una danza, entre cobijas, en los huecos, o en la sala; es sudores, fríos, templados, o hirviendo.

El amor es tan incierto, voluble..., pero nuestro.

Marzo 29, 2017

Vida

Vivamos de insomnio y locura,
despojados de complejos y estructuras,
trozando celdas infelices y pálidas de colores engañosos,
bebiendo nuestro propio elixir
sin causa y sin razón.

Febrero 16, 2017

Exiliado de ti

Aún conservo en el armario los demonios que adquirí cuando te amé durante algún tiempo, son en sí mismos esencia de mi naturaleza despreciable y ruin; son, después de todo, aquello que no he vencido y el origen de tu abandono.

Son luces rojas y alteradas que me contrastan en noches como ésta en que el corazón calla, son gritos y gusanos que comen la voluntad serena, que matan la fe de tenerte a mi lado.

Marzo 7, 2016

Entropía

Caos emocional subyacente,
secuestra la energía acumulada,
generada en torno de la amada,
alterando el ritmo del durmiente.
Avance proporcional de la emoción,
aquel encuentro casual sostenido,
te aseguro no mantengo lo mentido,
aunque pareciera de rutina la canción.
Transparente el espacio se presenta,
atraído por la fuerza de tu aliento,
poderoso más que el viento,
sin conciencia mi voluntad calienta.
Persiste el desconcierto al interior,
los sentimientos pronto fuga hayan,
paredes cristalinas que se empañan,
antecedente de un reconcomio superior.

Mayo 11, 2012

Paisaje

Te bebo a tragos de ausencia, flameados por la añoranza carroñera que me destroza sin pena, recorriendo calles de luto —voces que aún no se saben muertas.

Ocres colores y olores putrefactos, de frío ahogado y sonidos sin conciencia.

Busco regresar a tu mirada incierta, sin garantía, pero nuestra, entregarme en las tibias humedades de tus nobles intenciones manifiestas, a las caricias temerosas de tu entrega, a tu causa, a tu esencia.

Tiempo en pausa que me espera, paisaje de sombras que rodean los empeños, sobreviven rebeldes indomables, estancias obligadas que me atan al destierro, lenta espera de volver a tu recuerdo, a tu presente, a tu intención.

Julio 8, 2016

Duermo a tu lado

Encontraba perdida tu mirada en el espacio vacío de tus propias emociones,
parecía que interrumpirte lesionaría permanentemente tu voluntad tan buena,
no tuve el valor y callado contuve los deseos constantes de hacerte mía,
mientras eso sucedía también mi mirada se perdía, pero en el cielo,
sitio aquel que me reconoce en tus caricias.
Recordaba cuando por vez primera me susurrabas el sabor de mis manos sobre tu cuerpo,
se me antojó darte un beso,
pero ya estabas dormida,
entonces... soñé.

Noviembre 09, 2012

Dominios

Estos espacios en que tu aroma no me toca son escurrencias letales a las que sobrevivo tan solo por la sólida imagen de mi esperanza en tus manos, por los círculos en que deambulan los recuerdos de manías nuestras, de tu respiración cercana, de tu sonrisa que revela las razones de mi existencia...

Marzo 5, 2017

¿Qué es el amor?

Tú no sabes lo que es el amor, mejor aún, yo tampoco,
seamos dos locos que desnudan aventuras, sin más
ataduras que nuestras manos sujetas la una con la otra,
que son paisaje de cuadros olvidados,
partituras de encuentros ocasionales,
fragancias rotas,
escaleras sin destino y caídas sin final.
Seamos, simplemente seamos,
como el respiro que no pide permiso,
como la razón sin cuerda,
seamos, sí, seamos eso simplemente,
sin pretensiones ni garantías,
sin compras y sin ventas,
bebiendo océanos,
soñando vida.

Agosto 17, 2016

Palabrerías

Descubrir la belleza en los amores fracasados debe ser una sublime experiencia, no lo sé de cierto, pero me gusta pensarlo así mientras destilo el resentimiento.

Diciembre 29, 2016

Espacio compartido

Tú, yo y en medio la poesía transpirando la fe de ser uno mismo, de respirar el mismo aire cálido y pernicioso, de mirar en uno solo, sin ocurrencias, con los ojos cerrados, oliendo tan solo las visiones del futuro tan incierto, tan mágico, tan nuestro.

Abril 14, 2017

Aun después

Después de tanto y de tan poco, después de que el otoño dio vuelta a nuestra página y no quedaron rosales floridos, después del ruido necio que ensordecía vuestra calma y desgarraba los minutos como gotas escurridas de la tubería gastada, después de que las sonrisas se fugaban y las noches permanecían vigorosamente iluminadas, después del insomnio mortal y la cruel serenata de melodías angustiantes, después de la maquinaria acelerada y aun después de llenar los frascos con lágrimas amargas, henos aquí, sonriendo uno frente del otro, amándonos uno dentro del otro.

Junio 04, 2013

Hay momentos que son cálidos para el alma

Fueron explosivos los instantes en que los besos kamikaze llenaron la habitación agotada, muros celebrantes y testigos de una crónica de historias espontaneas, tu cabello insostenible se dominaba a sí mismo en un vértice de éxtasis que tocó fondo sobre las sabanas.

Escurrían por tu cuerpo mis caricias nerviosas, mi respiración agitada haciendo eco en la tuya, habitáculo del aliento que refresca cualquier momento, cerca o lejos, fuera o dentro. Tus manos sujetándote de mí, de esta magia que sucede pocas veces, de esas intenciones rescatadas que dejaron evidencia de pasiones potenciadas en el tiempo, solidario y paciente, haciendo lo suyo, haciéndose nuestro.

Transportabas esa transparencia tuya que me congela el asombro, que me enluta los «divagos», que me cala los huesos por su presencia tan resuelta, intimidante, tan amante.

Mayo 31, 2017

Sobreviviéndote

Cuando más no esté mi existencia
en este cuerpo que hoy habito,
cuando más la mirada no se halle
en lo de tus ojos cristalino,
que no derramen éstos por mi
de tristeza lágrima alguna,
pues más dolor dejaré de sentir
y flotaré ya sin hambruna.

Me posare en el viento que te rodea
para más no olor tu piel,
para más no sentir tu miel,
tan solo la fuerte vía del recuerdo a ti me ata,
ya sin conocerte, sin saberte, sin tenerte.

Octubre 7, 2011

Infidelidad

Parecían tus palabras de súplica afiladas espadas hacia mí,
escucharte apremiaba la sensación hiriente de haberme dado cuenta,
busqué la excusa perfecta una y otra vez para comprender tu engaño,
fue inútil, fue doloroso,
fue haberme dado cuenta del tiempo perdido,
de tu falta de compromiso que daba posada a mi ilusión...
ahora ahogo mis gritos en las preguntas obligadas,
no hay respuesta, no hay razón, pudo haber sido de otra forma,
¿por qué ella?
Encaro la vida con dolor y experiencia
pero tus llamadas continúan y cada vez me duelen más,
pues ahora las comparto con tu ausencia,
ojalá tuvieras un argumento convincente que,
auxiliado por mi inocencia, lograra hacerme olvidar,
ojalá tuvieras más astucia y credibilidad
porque a pesar de tu infidelidad, muero sin ti.

2009

Viajero

Pesan tan solo un poco más los recuerdos cuando la cuenta regresiva se acerca a su final, cuando el uso excesivo les impone la carga de frías soledades, cuando las maletas casi listas llevan mezcla de añoranza e incertidumbre. Pesan tan solo un poco porque la esperanza por la espera de tus besos los aligera, los envuelve en ternura conocida, en aromas familiares, en dulces tonadas.

Noviembre 9, 2016

Sueños dispersos para padre adverso

Bruno Rosales Villarreal
México

Sueños dispersos para padre adverso

Se mezclará con el polvo, será una lágrima
de alegría amarga,
como todo,
siempre todo:
ambivalente y penduloso.

Ensueño anclado,
motor en reversa
al verte amamantándote
de la fuga de consciencia
que solo Jack puede darte;
da igual si está Daniels
o está tu madre semi enterrada
gritando tu nombre
esperando hundirte con ella en su ataúd lustroso por fuera,
opaco por dentro,
ajeno a toda mirada propia,
ajeno a toda infancia.

Me imagino creciste rápido,
saboreando los restos líquidos
donde buscabas entre los brillos
amor de risotadas hipócritas.

Familia hipócrita tuviste,
familia honesta me diste.
(Aunque fuese solo en los momentos
resguardados por el abrazo del olvido
de Johnny.)

No tuviste que caminar tanto,
pero sí tuviste que caer
como la lágrima desprendiéndose de mi pecho
sin piedad, arrancando cuanto escudo encuentre,
succionando cuanto aire me falte.

La lágrima tendrá tu nombre,
la bautizaré en mi nicho de polvo.
Planeo alimentarla
hasta que sea grande
y pueda vivir por sí sola.

Ser padre es difícil,
ahora te entiendo:
la lágrima te ha de seguir vaciando el aire.
Tal vez en este punto
tu vida está esperando
a la lágrima caer,
marcar tu punto final.

·······································

Decidí estar aquí:
En el placer del desapego.
Entender el silencio de los corderos
antes del matadero.

....

El sueño que alguna vez fuiste
hoy tu hijo lo reclama.
Las sonrisas que se marcan en tu cara
hoy tu hijo las reclama.
Los chistes idiotas en días asfixiantes
hoy tu hijo los reclama.
Los brazos extendidos esperando un abrazo
hoy tu hijo los reclama.

No le hagas caso, no tienes qué,
pero si lo haces,
verás que no habrá reacción
tan mutua
como la que sucederá ahí
(me gustaría fuese aquí).

Hoy tu hijo te adora,
hoy tu hijo te abraza desde la lejanía
inmortal,
intranquila,
en la que las ansias por sentir tu abrazo
incendian la necesidad de ser un hijo:
tu hijo.

(Cómo desearía estuvieras aquí.)

....

La dicha que alguna vez vio los pasos de tu padre:
inmóvil ausencia,
inmóvil perecer
ante los claudicados por la ligereza
del pasar del tiempo en estas calles,
calles con tierra, dolor, sangre
azul y café.
Pudo ser y fue:
Tus ojos decidieron que fuera
ajena a la libertad estrepitosa,
guardada en las contraportadas
de los libros valientes,
libros ausentes.

Intérname
en el manicomio de tus ojos,
–enredadera de pensamientos
disueltos
en tela desgastada,
pasada de mano en mano
por el tiempo, la historia, los creces
de ríos lagrimados–.
Intérname,
soy tu loco,
tu amo,
tu habitante,
sé que gritaré más que los nadies
siempre incontables,
siempre en los recovecos;
sé que golpearé más que los todos

siempre infinitos,
siempre en los horizontes.

La dicha, gran dicha
que vislumbró
los pasos de tu padre en el tiempo ajeno a nosotros,
a la idea que dejaron nuestros destrozos.
¡Qué dicha tenernos enfrente!,
despedazados.

....

Hay días pesados,
–puta madre–,
hay días pesados
donde el mundo cae,
–cae hasta los tobillos–.
Solo un orificio para respirar,
solo un mundo,
–el puto mundo–,
pesa y cae
porque hoy es un día donde cae,
porque hoy es uno de tantos
donde cae,
–y no cae despacio–,
cae como una bala
más la gravedad
más tu gravedad
más mis miedos.
Seguro ya estoy lamiendo el polvo,
tierra y estiércol.
Seguro me veo ahogado

en silencios socavados.
Seguro me hundo en nubes negras
sin ver,
sin tiendo
a tientas
la explicación a esta emoción,
–quemazón constante–,
en el fondo del pecho,
del fallido intento
(es que no di los pasos anhelados).
Sin tiendo
a tientas,
porque a tientas siento
y si veo,
miento.
Pequeño paso dí
y caí,
–pero caer es un modo de avanzar–,
pero avanzar a veces es caer.
Y si siento frío,
es por el piso.
Y si siento ardor,
es por tu silencio.
Y si me ahogo,
es porque el orificio ya no alcanza,
el cielo ya no alcanza,
el miedo ya no alcanza.
Quiero destrozarme.
Quiero dolerme.
Espero ansioso el golpe.
Espero ansioso el silencio.

La cacofónica declaración de principios poéticos

Alicia Perea
España

Declaración atemporal de amor sin precedentes

El otro día comíamos juntas y me recordaste por qué quiero tanto a la gente a la que quiero.

Padecemos de una amistad sin adverbios espaciotemporales fuera de cualquier contexto histórico, reinventando lo artístico y lo poético. Eres profundamente estética, todos tus desastres están hechos a medida. Y yo me rindo ante tu figura simétrica (Nunca he entendido las matemáticas, pero me pirra la simetría.)

Padecemos de una amistad sin adverbios espaciotemporales porque todos nos valen y entonces no nos vale ninguno: te quiero aquí, te quiero allá, hoy y siempre, ayer, todos los martes, los días impares, de pie, de rodillas e incluso y sobre todo en nuestra recurrente horizontalidad.

La cacofónica declaración de principios poéticos

Inspiro, me estiro, oigo a mis flores crecer.
Tú, enfrente, les enseñas los dientes y vas abriendo paso en tu pasado
y yo doy vueltas, volando,
y creo que te entiendo. Nos conocimos en otra vida hace años.
Tú y yo sin ser los de ahora pero siendo los de siempre y me haces hablar y siento que no tengo filtro.
Soy un colador roto y tú estás debajo de mí, recogiendo cada pedacito de vida que se escapa.
Veo tus dientes y sé que no atacarán sin preguntar primero. Crezco.

«El amor no hiere. El amor no hiere. El amor no hiere.»
Lo dices tres veces como un mantra personal
y saliendo de ti suena a derecho humano, civil y universal.

Saliendo de mí, después de tantas horas be-viéndote hablar,
suena a la declaración de principios más sincera que he escuchado jamás.
De principios de amor. De principitos.

Pero tú sigues siendo tú, impasible, inamovible, infranqueable. Profundamente inquebrantable.
Como si estuvieras configurado a la estabilidad.

Yo soy la ola que rompe, tú has dejado de mirar al mar.
Yo soy la rotura y «hola», aunque tú hayas dejado de estar.

Eres la Vanguardia más rara, el ruido que rehuye, el roto que se regocija
en su propio eco.
Y estás en frente, recordándome la suerte que tengo
aunque sólo sea Miércoles, sólo sea un bar de Madrid,
y esté todo tan oscuro.
Yo te escribo, yo te escucho, yo toco fondo contigo.
Porque en el fondo, la vida es eso.
Cruzar la línea. Correr el riesgo.

Quisiera entrar a tu templo. Quisiera conseguir traspasar tus muros,
que lejos de ser ruinas
se levantan
y con cinco letras, crean hogar.

Ten piedad, rózame el alma, tócame pronto, hazme vibrar,
destruye mis dudas, prepara el incendio,

Troya ya no suena tan mal.

Es Enero. Germinan las semillas que llevaban meses bajo tierra, me deshielo.
Desde aquí no veremos las estrellas pero
de pronto la ciudad da menos miedo.

Ya no es un dragón siniestro, es el pirata bueno,
es quien me recuerda que puedo

sangrar el dolor
o dejarlo al margen para que pase a ser sólo un mal sueño.

Me enseñas los dientes. Cada sorbo es un recuerdo.
Bebo de tus ojos y alimentas el fuego.
Así haré señales, por si olvido de nuevo
el camino a casa que, pese a mis intentos
nunca terminó de encontrarse lejos,

sólo había dejado de mirar al cielo.

Y ahí, en un hueco, entre diente y diente,
en los silencios que respetas y la risa que prefiero,

encuentro un sitio,
y espiro, me estiro,
oigo a mis flores crecer de nuevo.

Tocada y hundida

Cómo no va a tener playa Madrid si siempre que te veo llegar me recuerdas a la ansiada orilla.

Diario de un lunes par de mayo

Elegimos los idiomas por su sonido
por los cantantes que tienen cara de nativos y por su
estereotipo menos agraciado.
Vemos una exposición de arte y yo me acuerdo de
Stendhal. Es lunes. Me gustan los lunes.
Parece que cualquier cosa pudiera ocurrir,
y nosotros somos reconocidos por nuestra ambición sin
límites. Vemos un cuadro de una mujer flotando encima
de una burbuja.
Queremos salvar el mundo
y prometemos casarnos en Las Vegas,
como los juguetes rotos que algún día seremos. Te
confieso:
«no sé cuándo fue la última vez que lloré»
y me miras como si no me entendieras del todo pero tu
abrazo de despedida me llena
de energía azul para afrontar mil lunes más si los hubiera

mil lunas más cuando las haya.

La muerte vestida de batalla

Rodrigo Ordóñez
México

La dedicada muerte

> *Lo único que no muere es la nota roja.*
> Pablo César Carrillo

Cada alba insepulta tantos muertos,
nombres prendidos en el alfiler del labio
donde junio convierte en piedras los días:
piedras de espera en la costilla del sol.

Nuestros hijos abatidos desaparecen
en la espesa violencia por quitarse el hambre
y sujetarse a la crin de algún sueño,
aquí, en mi tierra, donde nació esta vocación para el
quebranto.

Primera muerte: olvido

Emerjo fósil en esta plaza de puños cerrados
al despuntar la cólera del mediodía,
quiero romper puertas y ventanas,
encontrar la ciudad que dejé,
aquélla que doblé en el bolsillo izquierdo antes que
vinieran por mí.
¿Cómo atisbar a través de la aldaba del recuerdo?
Otra vez estoy en mi vieja calle,
arrojado al suelo
donde antes estuvo mi casa.
Aún huele a muerte.

Segunda muerte: ser ciudadano

De los labios de la niebla corren en tropel
las bajas civiles con el miedo herido.
En esta batalla quedaron las casas rotas en el umbral de la noche,
habitaciones trémulas con el grito muriendo entre las paredes;
quiénes son los muertos,
qué reclamar si nadie está de pie;
valemos tan poco ahora que la sangre salpica las cunas,
nos quedamos sin puños ni gargantas,
sin nombres que escribir en las clandestinas tumbas
donde es usual morir aterrado:
los muertos y asesinos: la nueva masa anónima,
las únicas clases sociales escribiendo la historia.

Tercera muerte: soledad

En esta batalla sólo quedamos como un recuerdo,
polvo sobre cenas frías.
No tiene caso vestirse cuando la muerte camina descalza,
entre casquillos olvidados en la casa:
el crujir del muro de golondrinas oxidadas.

Nada habita la ropa ni los sueños,
      Sólo anidan verdugos y victimas
danzando en la ciudad mordida por la sal de la violencia:
           herrumbre somos.

Cuarta muerte: locura

¿Qué me ha pasado?
¿Dónde quedó mi rostro?
Estoy sometido en un tren de voces
que rompe la rebelión de la poesía;
prisionero en otra cajuela
donde sólo veo estatuas de ira
adornando las avenidas.

Quinta Muerte: torturas

I

Las ciudades son un frente de batalla,
no quedan fábulas ni literaturas que valgan:
es el frente duro e inerte,
paraíso del cuerpo y las balas,
prados demolidos
y la sangre en ruinas.

Sobre el rostro y la espalda la ley del sicario o del policía,
        una batalla para ver quien pone su bota en
nuestro pecho;
qué piernas me sostienen en esta realidad que me derriba
a culatazos,
aquí donde por
y
en nuestra piel se combate.

II

En mi garganta muere la habitación.
    Pequeñas cosas convertidas en continentes
conforme avanza la luz,
me descubro en el deterioro
que contagio al tocarlas.

Un paraíso de plástico anuncia el silencio de las cosas.

Sexta muerte: historias de muerte sin fin

Sherezada muriendo con una bolsa de plástico en la cabeza.
Teseo con una cinta gris ahoga a Ariadna en el laberinto de tumbas en Ciudad Juárez,
Kafka procesado en su ingenuidad absurda,
miles de migrantes montados en la serpiente del fin de su mundo,
Vallejo muerto a palos en este país sitiado por el hambre y la violencia.

Entonces, si sobreviven las palabras, para qué,
si las calles caen en casas rotas,
para qué un poema
para qué la poesía,
mejor empuñarlo como un arma de rabia contenida.

Detrás de cada palabra reviso que no existan ejecutados,
fosas comunes o una pistola golpeando su nuca.
Entró la violencia ocupándolo todo.

La muerte dedicada

Sólo tiene la muerte el hambre saliendo entre dientes,
rompiendo en cólera la esperanza,
aquí donde la fruta del árbol sabe a muerto
y toda tumba está sobrepoblada.

La muerte nos tiene desnudos y errantes
con el asombro teñido en el rostro,
bajo la herida de una bala queremos
que nazca la esperanza lejos del sepulcro.

Pronto no quedará nada.

Las vértebras del grito y otros poemas

Manuel Sauceverde
México

Me han dicho

Para Javier, Daniel y Marco: estudiantes torturados, asesinados y disueltos en ácido

estoy en el lugar equivocado,
me confunden con alguien que no soy,
      que no fui ni seré
que mi nombre es de ellos,
que mi país es de otros,
      pero no mío,
que mi sangre nada vale
que mi sombra sólo cuesta

me han dicho que vendrán
      por mí y por los míos,
      por ti y por los tuyos,
a plena luz del día y de las cámaras
      para que todos los miren,
      para que todos los oigan

que reventarán mis células
                me han dicho
        hasta sangrarme los átomos
       y quebrarme las vértebras del grito

que disolverán mis sueños en ácido
                me han dicho
        cada número y verbo
        cifrados en la criba del cerebro

que son jauría sin amo
                me han dicho
        jueces de todos los mártires,
        fiscales y verdugos impasibles

que son legión de ojos, bocas, dientes
                me han dicho

que no hay cristo que valga
                me han dicho

que estoy solo

que tenga miedo

Las vértebras del grito

Para Javier, Daniel, Marco y los 43 normalistas desaparecidos

I
Se los llevaron.
Eran casi las seis:
la hora bruja

II
No te besaron—
Jamás se despidieron:
de ti, de nadie

III
Debió besarte.
Debió decir te amo.
Debió ser pájaro

IV
En dos pedazos
rompieron sus cabezas:
volaron mirlos

V
Los desollaron.
Les quebraron los gritos—
A plena luz

VI
Es una tumba:
aquí no viene Dios—
Sólo las moscas

VII
A fuego lento
nos hervirán a todos—
No sé rezar

VIII
Una por una
les quebraron las vértebras—
Treinta y tres gritos

IX
Vendrán por mí.
Se comerán a mis hijos—
Ardo un incienso

X
Vendrán por ti.
No conocen la paz:
están hambrientos

XI
Vendrán por todos—
Nos llevarán al Gólgota:
sin piel ni cruces

XII
Que jamás vengan.
Que nunca me confundan.
Que no me lleven.

XIII
Alguien me dijo:
Duermes. Es un mal sueño—
Fue un fantasma

XIV
Es el invierno.
No hay flores ni pájaros—
Estamos solos

XV
En cada cruz
hay cuarenta y tres clavos—
Huesos de mirlos

XVI
Un ser es luz:
treinta y cuatro mil almas
son un incendio

XVII
Estamos muertos:
andamos como vivos—
¿o viceversa?

XVIII
Niños, adultos,
ancianos: devorados—
No queda nadie

XIX
Sólo los fuertes
heredarán la Tierra:
un cementerio

XX
¿A quiénes besas?
¿A quién amas, verdugo?
¿A cuál dios rezas?

XXI
Como a las flores:
nos arrancan, nos arden—
Siempre con miedo

XXII
¿Los otros, quienes?
Los otros que no somos:
nosotros mismos

XXIII
Como los pájaros
que nos dejen llorar—
Que ya se vayan

XXIV
Quiero palabras.
Quiero flores y pájaros—
No he vivido

XXV
Somos jilgueros:
nos matan en el aire—
Lloramos canto

XXVI
Ellos son tigres—
Nosotros, melodía:
legión de mirlos

XXVII
Somos luciérnagas:
las sombras incendiamos—
Ascuas de sándalo

XXVIII
A fuego lento
nos destazan el alma—
La salpimientan

XXIX
A quién se ama
si uno resucita
a quién se odia

XXX
¿Odiar a quiénes?
¿A cristos o demonios?
¿Buscarlos dónde?

XXXI
Vivos o muertos
nos engullen y ríen:
animalhombres

XXXII
Si no regreso
que me busquen por siempre—
Entre luciérnagas

XXXIII
Los perros ladran—
Hermanos, tengo miedo:
vienen por todos

Tríptico cosmos

Para Julieta

1
No sólo el cosmos
sino también la danza:
espacio y tiempo

2
Sin detenerse—
Se gira como el cosmos
o no se danza

3
La luz oscila.
Como nosotros: danza—
Fluye al cosmos

Caminos

Rebeca Martínez
México

Carretera

Insisto,
pero no encuentro
cacto,
sombra
o árbol
en esta vía desierta,
o una tregua que me ayude
porque se apagan las dos lunas
que iluminan mi rostro.
Este cuerpo llano,
este cuerpo ya no,
ya no debería oír,
pero escucha
los ecos de mi propio llanto.
Hace veinte años,
la carne viva de mi madre
se abrió para que amaneciera yo,
pero quizá me equivoco
porque los dientes de la tierra
también se comen mis recuerdos,

y la memoria
desaparecerá hasta convertirse
en parte de esta carretera.

La noche con sus ojos de buitre
arranca lo que alguna vez fue mío,
y hoy
le pertenece a esta vía
cautiva en los parapetos
de su destino/mi destino.

Aún mis sollozos y balbuceos
repican en las piedras:
madre,
son ciertas esas historias de las mujeres
que no regresan por salir de noche,
y no regresan
por rebeldes
por calladas
por sumisas
por lesbianas
y también,
por no serlo
y no retornan
por ebrias
por sobrias
por caminar de noche
por caminar de día
por amar poco
por amar mucho
por no amar
por tener novios,

también,
por no tenerlos
por vestir con faldas
por cantar fuerte
por caminar firmes
por ser casadas
por ser solteras
por ser
por ser
por ser simplemente mujeres.

Callejón

Me advirtieron:
«niña, no camine por aquí, la calle es peligrosa».
Me avisaron:
«mire señorita, este callejón
es un callejón sin salida».

Entonces,
me preguntó
si eres el culpable
de que los encapuchados
salten de tus esquinas
y que las ráfagas de la luna
solo te iluminen a través del reflejo
disparado de sus navajas.

Callejuela, por eso imaginé
que eras la boca de una bestia,
que al pasar de noche
se abrirían tus fauces
y el humor de un animal nocturno

cubriría tus extensiones
de loba salvaje.
Y que al pisar tu lengua,
carne de asfalto, yo quedaría atrapada.

Pero nadie se atrevió
a desmentir que no son
ni tus esquinas negras
ni tu contraída y cerrada anatomía
las causantes de tanta desgracia
porque temen aceptar
que la culpa,
la culpa
es de ellos
y solo de ellos:
de los que te habitan

Cotidianidad

Cotidianidad,
siempre estas presente
en los días de quienes hacen
de las ceremonias y rituales
el pulso de sus semanas,
de los que no se atreven
a doblar los ojos en dirección opuesta,
de los que no saben perder la brújula
y les causa pánico soltar el mapa,
pobres, no saben lo que es andar
en los fragmentos de esta ciudad,
en los rincones encallejonados
y en las arterias electrizantes
de equívocos arrabales.

Aliento

Valentina Sánchez
Colombia

Aliento

Las sombras penden de los clavos del techo,
un televisor me gruñe desde el cuarto del lado.

Mamá, mamá, tengo frío.

Una burbuja de bilis oxigenada se pega en mi garganta,
mamá, grito, mientras doy saltos de gota
sobre las ondas del televisor.
Llego a ti,
entro a un cementerio de flores
escalando las raíces que de tu boca salen,
pego un brinco de tus dientes a la lengua,

    que cae en ceniza.

        Desemboco en baba al vacío de tu faringe.

            Incertidumbre de saliva,
            postergación del yo
desembarazándose de cuatro patas.

Pálpitos corren por el tubo del esófago.

Encorvada como un feto
aprisiono el hambre.

La muerte corre en círculos,
la veo desde el reflejo del espejo,
le veo estallarme los huesos
con el hilo del eco de su carcajada.

                          Llorarme toda noche,
                               estirarme las tripas,
                   ceñirlas para no tener hambre.
          La niebla negra difuminándome la vista,
            corriendo al estrecho vacío de mi páncreas.

Acurrucada como un niño haciendo pataleta
me jalo del brazo.
Inapetencia de vida rodea los huesos,
que muertos de frío
son gotas de baba seca reposada entre los labios.

        El miedo se sienta en la ventana de un cuarto sucio
                    que da a una ciudad cuyo asfalto
           se hace humores triturados por tiempo y desgana.

Todos mueren al paso de la herida.

                      Remontado sobre ceniza
                corre a contrarreloj el ayuno.

             Implica gritar para que no escuchen;
                      coger una soga,

                              hacerle un nudo
                              tragarla entera,
                       jalarla de un extremo
                    para romperse adentro,
                              que todo truene,
           y que mamá viendo, chasquee su culpa.

Granos de tierra descienden de la herida;
el niño no quiere dormir,
se abraza al desplome
mientras lo sacan con fuerza,
lo obligan a crecer
le cierran los ojos,
le cosen los labios:
       tres puntadas por cada palabra,
la tercera es la vencida.

Certidumbres y descertezas

Iván Zayas
México

Noviembre del 18

Cuando se acabe este mundo,
no de forma metafórica,
sino cuando de verdad se acabe;
    cuando sólo nos queden
las palabras monumentales
desnudas y sin significado;
    cuando el mar se vuelque
sobre nuestro cielo
y caiga lluvia salada,
o lágrimas dulces
que es lo mismo;
    cuando esta tierra,
que araron nuestros pies
de tanto andar,
escupa a nuestros muertos
a pedazos;
    cuando el eco de los ecos
truene
y retruene
en un único silencio

fulminante;
      cuando la distancia
entre el corazón
y los labios
sea igual,
o menor,
a cero;
      justo en ese momento,
más que en otros tantos,
tan buenos,
tan mejores,
habré de tomar tu mano
y te diré:
ven,
demos nosotros el primer paso
hacia este

a
        po
            ca
                  lip
                      sis.

Esperanza de lo posible

Habrás de irte y
    tal vez,
        sólo tal vez,
yo me quede
    mirando el vacío,
        olisqueando tu ausencia,
            sentado a la mesa con mi soledad.

Habré de quedarme y
    tal vez,
        sólo tal vez,
tú te marches
con tus largos pasos de viento,
con tu aroma a brisa marina,
y tus ojos enfocando el porvenir.

O quizá.
Habremos de mirarnos y
    tal vez,
        sólo tal vez,

ambos permanezcamos
impávidos ante el momento y el asombro,
mirando hacia el mismo cielo,
mirándonos hasta lo hondo.

Minimalismo

Te propongo querernos poco,
casi nada,
de hecho
justo en el límite
entre la ausencia
y el amor;
justo donde el abandono
sea más un acto concomitante
antes que caritativo
o condenable;
te propongo querernos poco,
casi nada,
de hecho
justo en el límite entre
«te vas»
y «te espero».
Te propongo querernos poco,
poquísimo.

Un par de anónimos

I

Ojalá que el polvo no se acumule en nuestros huesos
y en nuestras articulaciones,
y haga chirriar
y rechinar
nuestros pasos en el eco,
y nos pudra,
lentamente,
entre la rabia
y el olvido.

Ojalá el polvo no nos impida
mantener el desplante
en nuestros pasos;
ojalá no carcoma
nuestras cuerdas vocales
para convertir el grito
en susurro,
y el susurro

en canción;
ojalá nuestros ojos
no se nublen de gris poroso
y vean manchas nuevas
donde antes había monstruos viejos;
ojalá nuestras manos y nuestros labios,
no se erosionen de buscar a tientas,
y sin respuesta,
el prometido paraíso que la ilusión
nos vendió en una caja de luciérnagas tartamudas.

Ojalá el polvo tampoco nos olvide porque,
si eso pasa,
ni el consuelo del tiempo infinito
cubrirá lo que de nosotros quede;
por eso recemos,
recemos una última oración,
para que nunca se nos acaben los «ojalás»
pues la esperanza
es el único consuelo que tenemos
los soñadores,
los optimistas,
y los locos.

II

A estas alturas,
con qué certezas
y qué memorias
guardamos los rencores.

Hacia qué futuro incierto
enviamos nuestros rechinidos de viejos,
nuestros dolores de hombros,
nuestros ataúdes con sueños.

¿Qué clase de providencia
nos prometió el paraíso
si llegábamos cargados de olvido?

¿Qué clase de destino nos espera
si al doblar en la siguiente esquina
no nos encontramos con nosotros mismos?

Semblanzas de los autores

Olivia Guarneros

(Puebla, 1978). Cursó la licenciatura en Lingüística y Literatura Hispánica, así como la maestría en Ciencias del lenguaje en la Benemérita Universidad Autónoma de Puebla (BUAP). Ha publicado en distintas revistas electrónicas, como *Telescopio* y en el fanzine *Los No Letrados*. Obtuvo el primer lugar en la XXI edición del concurso de cuento *Mujeres en vida* convocado por la BUAP en 2017. Además de escribir, imparte clases en el área de lenguaje, en la Escuela Normal Superior Federalizada del Estado de Puebla y en el Bachillerato Digital No. 263.

Fernando Mendoza Resendiz

(Puebla, 1977). Diseñador gráfico de profesión egresado de la Benemérita Universidad Autónoma de Puebla, y maestro en formación docente. Con una experiencia de 14 años como caricaturista político e ilustrador, actualmente publica en la revista de sátira política *El chamuco y los hijos del averno*. Ha publicado en medios impresos como el diario *Síntesis*, *El Heraldo* y *Milenio*, entre otros. Su trabajo como caricaturista ha sido expuesto en diversos países como Argentina, Perú, Brasil, Portugal, India, Estados Unidos, Noruega, Egipto, Bélgica e Italia. Como diseñador gráfico ha destacado en la elaboración de carteles; su trabajo fue seleccionado para los certámenes *Escucha mi voz*, la Bienal Internacional de Cartel en México, el Festival Internacional de la Imagen (FINI) en el estado de Hidalgo, así como el *Ekoplakat* en Polonia. Rockero en su tiempo libre. Locutor en el programa de radio «Ruido de fondo». Ha publicado poemas, cuentos y minificciones en gacetas estudiantiles de la Universidad Nacional Autónoma de México, revistas literarias como *Los No Letrados* y *Telescopio*, así como en España.

Yonnier Torres

(Placetas, 1981). Sociólogo, poeta y narrador. Egresado del Centro Nacional de Formación Literaria «Onelio Jorge Cardoso». Entre sus últimos títulos publicados se encuentran los poemarios *Dios no me tiene en cuenta* (2017), *Una jaula casi perfecta* (2017), y *Postales de Varadero* (2015). Cuentos y poemas suyos aparecen publicados en revistas, antologías y selecciones de España, Colombia, Argentina, Bolivia, México, Alemania y Cuba.

Lucía Pereyra

(Neuquén, 1988). A los 18 años se mudó a la ciudad de La Docta, Córdoba, Argentina. Allí realizó los estudios universitarios en la Universidad Nacional de Córdoba. Terminó la licenciatura y el Profesorado en Psicología. A comienzos del 2018 emprendió un viaje que la llevó por México, España y Alemania. En Guadalajara, México, asistió a clases de escritura y poesía. Actualmente reside en la ciudad de Berlín, donde continúa asistiendo a talleres de escritura y preparando un nuevo proyecto literario.

Christian González

(Ciudad de México, 1980). Sociólogo y escritor. Egresó de la Facultad de Ciencias Políticas y Sociales de la Universidad Nacional Autónoma de México. Comenzó a escribir en 1992. La mayoría de las piezas escritas en aquella época han sido conservadas por sus amistades. Le place la lectura un poco más que la escritura, desde Sabines hasta Gonzalbo; afirma que su familia es la religión más transparente, que gusta de abrazar árboles; que viaja sin centavos, que recicla y ahorra agua, y que siempre regresa a casa.

Bruno Rosales Villarreal

(Ciudad de México, 1998). Estudiante de la carrera de Literatura Dramática y Teatro en la Facultad de Filosofía y Letras de la Universidad Nacional Autónoma de México (UNAM). Ha publicado poemas y cuentos en España y en México. Recibió el primer lugar en el concurso *Corto Móvil 2014*, de la Filmoteca de la UNAM. Autor de la obra *Dirás que los muertos reposan en calma*, presentada en el foro El Cubo, durante los meses de Abril y Mayo de 2018.

Alicia Perea

(Madrid, 1999). Estudiante de Lenguas Modernas por la Universidad Autónoma de Madrid. Siempre interesada por las letras, interesada por las personas e interesada por la poesía de lo cotidiano.

Rodrigo Ernesto Ordóñez Sosa

(Mérida, Yucatán, 1979). Estudió la licenciatura de Ciencias Antropológicas, especializado en Lingüística y Literatura en la Universidad Autónoma de Yucatán (UADY). Parte de su obra poética esta recopilada en la antología *Venturas, nubes y estridencias*, en el libro *Nuevas voces en el laberinto*, *Tres cantos a Felipe Carrillo Puerto*, *De perfil los gatos siempre sonríen*, *Poetas en el Cosmovitral*, *The Bold Mom*, *Letra D' K'mbio*, en el suplemento cultural «Arena» del periódico *Excelsior* y en la revista *Camino Blanco*. En la categoría de ensayo, su obra está recopilada en el libro *Cuadernos de ensayos universitarios*, *Disyuntivas* y *Arenas Blancas*. Ha tenido colaboraciones en la sección «Paisaje crítico» del periódico *Por Esto!*. Obtuvo el segundo lugar del *Concurso nacional de poesía Rosario Castellanos* de la UADY y el segundo lugar en el *Concurso regional de poesía Felipe Carrillo Puerto*. Es autor de los libros de poemas *Persistencia del Tiempo* y *Bisagras* y compilador del libro *La Morada del Pensamiento Maya: La construcción de un Discurso*.

Manuel Sauceverde

(Ciudad de México, 1979). Es Doctor en Economía por la Universidad Nacional Autónoma de México (UNAM). Por un lado, ha publicado diversos artículos científicos en revistas especializadas nacionales e internacionales. En 2017 obtuvo el *Premio Internacional de Investigación «Emilio Fontela»*, otorgado por la Sociedad Hispanoamericana de Análisis Input-Output y la Universidad de Oviedo; y en 2016, el *Premio Internacional de Documentos de Trabajo*, otorgado por el Banco Central de Bolivia y la Asociación de Pensamiento Económico Latinoamericano.
Por otro lado, ha obtenido diversos reconocimientos de narrativa, poesía y música, entre los que destacan los premios *Quinta Jornada de Literatura Breve «Tweet por viaje 5.0»* (Secretaría de Cultura de la Ciudad de México y Secretaría de Cultura Federal, 2018), *Cuento de Ciencia Ficción «Año Internacional de la Física»* (UNAM, 2005), el *Festival Universitario de Día de Muertos* (UNAM, 2001-2005). Su obra literaria aparece en: *Ariadna Revista Cultural* (España, 2018), *Bitácora de Vuelos* (México, 2018), *Narrativas* (España, 2018), *La Otra* (México, 2018), *La Gualdra* (México, 2018), entre otros.

Rebeca Martínez

(Ciudad de México, 1992). Se define como mujer poeta que canta y aúlla la vida que se respira en las calles. Quiere ser ilustradora. Le gusta la ciencia y el cine, no consume carne y siempre está en constante metamorfosis. Estudia el último semestre de la Licenciatura de Creación Literaria en la Universidad Autónoma de la Ciudad de México.

Valentina Sánchez Florián

(Bogotá, 1998). Estudiante de Creación Literaria en la Universidad Central (Colombia). Ha participado en recitales y micrófonos abiertos. Cinéfila por ambición, escritora de guiones en las noches y pintora a escondidas.

Iván Zayas Hernández

(Ciudad de México, 1996). Descubrió su afición por la literatura, la escritura y la música cuando estudiaba el segundo año de bachillerato. Estudia la licenciatura en Estudios Latinoamericanos, en la Facultad de Filosofía y Letras de la Universidad Nacional Autónoma de México.

Índice

Prólogo	VII
Olivia Guarneros, México *Variaciones*	11
Fernando Mendoza, México *Apenas regrese la cordura*	27
Yonnier Torres, Cuba *Salón de espejos*	51
Lucía Pereyra, Argentina *Metonimia y otros poemas*	63
Christian González, México *Escurripoetimatizado*	77
Bruno Rosales Villarreal, México *Sueños dispersos para padre adverso*	103
Alicia Perea, España *La cacofónica declaración de principios poéticos*	111
Rodrigo Ordóñez, México *La muerte vestida de batalla*	119
Manuel Sauceverde, México *Las vértebras del grito y otros poemas*	129

Rebeca Martínez, México   139
Caminos

Valentina Sánchez, Colombia   147
Aliento

Iván Zayas, México   151
Certidumbres y descertezas

Semblanzas de los autores   161

Descarga este libro gratis

1. Escribe tu nombre y apellido, con pluma o bolígrafo, en la página donde aparece el título de este libro y el logo de Lectio.

2. Tómale una foto al libro, debe verse la página con tu nombre.

3. Envíanos la foto a ebooks@lectio.com.mx

En poco tiempo, recibirás un enlace para descargar tu libro.

Poetas a la intemperie I se terminó de componer en febrero de 2019 en el estudio de diseño editorial de Lectio en la Ciudad de México. La revisión y el cuidado de la edición estuvieron a cargo de Laura Becerra y Alan Santos. Para su composición se emplearon las familias tipográficas Comorant Garamond, Cormorant Infant y Cormorant SC. Para conocer el fondo editorial de Lectio visita: www.lectio.com.mx

La quimera de la literatura

www.ingramcontent.com/pod-product-compliance
Lightning Source LLC
Chambersburg PA
CBHW031444040426
42444CB00007B/966